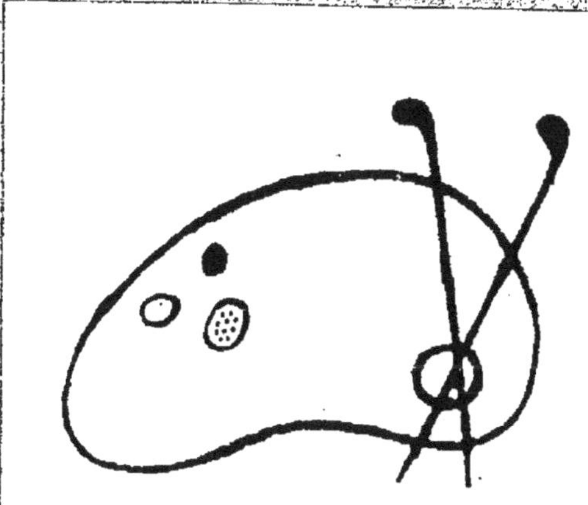

Début d'une série de documents
en couleur

DE L'HISTOIRE

DE LA

VULGATE EN FRANCE

LEÇON D'OUVERTURE

FAITE A LA FACULTÉ DE THÉOLOGIE PROTESTANTE DE PARIS

LE 4 NOVEMBRE 1887

PAR

SAMUEL BERGER

SECRÉTAIRE DE LA FACULTÉ

PARIS

LIBRAIRIE FISCHBACHER

Société anonyme

33, RUE DE SEINE,

1887

Imprimerie F. GUY. — Alençon.

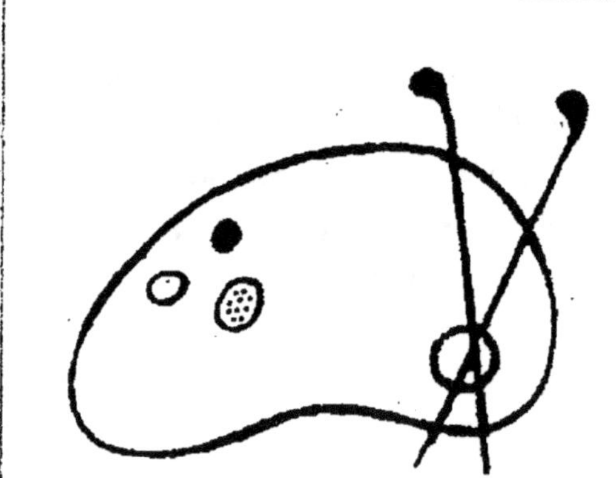

Fin d'une série de documents
en couleur

DE L'HISTOIRE

DE LA

VULGATE EN FRANCE

LEÇON D'OUVERTURE

FAITE A LA FACULTÉ DE THÉOLOGIE PROTESTANTE DE PARIS

LE 4 NOVEMBRE 1887

PAR

SAMUEL BERGER

SECRÉTAIRE DE LA FACULTÉ

PARIS

LIBRAIRIE FISCHBACHER

Société anonyme

33, RUE DE SEINE, 33

1887

DE L'HISTOIRE DE LA VULGATE

EN FRANCE

Messieurs,

C'est une étude de manuscrits à laquelle je me permets de vous convier, il est vrai que ces manuscrits sont ceux de la Bible. La Bible de saint Jérôme a été pendant le moyen âge le pain quotidien de l'Église dans l'occident tout entier, et nous ressentons encore l'influence qu'elle a exercée sur notre civilisation. Et pourtant la Vulgate n'a pas encore d'histoire, et ses destinées comme ses variations sont encore en grande partie inconnues. S'il plaît à Dieu, cette histoire sera écrite ; en divers pays, on y travaille avec ardeur, mais sans rivalité et dans un véritable esprit de concorde, car l'étude de la Bible est toujours bienfaisante pour ceux qui s'y consacrent. Il faudra longtemps sans doute avant que nous puissions regarder cette œuvre comme faite, mais nous n'avons nul besoin de garder le silence jusque-là. La France a été au moyen âge le centre des études relatives à la Bible, et des Français ne sauraient être indifférents à l'histoire de la Sainte Écriture dans leur pays. Je voudrais donc me demander avec vous ce que nous savons et ce que nous ignorons encore dans l'histoire de la Bible latine en France, et tracer ici l'esquisse d'une œuvre à faire plutôt que d'un travail achevé.

Il n'est pas une étude, Messieurs, qui soit plus attrayante que l'histoire de la Bible. Même dans ses parties les plus modestes, dans l'histoire du texte et dans celle des traductions, elle donne à l'esprit des satisfactions toutes particulières, et peut-être doit-elle le charme qu'elle présente à ce que le cœur y est mêlé sans cesse, sans jamais pouvoir égarer le jugement. L'objet de notre étude est le livre le plus beau qui ait jamais été écrit; le travail quotidien, parfois si pénible, de la collation des manuscrits, ramène sans cesse à notre oreille des paroles que nous aimons depuis notre enfance, et que l'on peut entendre toujours sans se lasser. Les manuscrits que nous avons à étudier sont les plus beaux de ceux qui se conservent dans les bibliothèques. La piété de nombreuses générations s'est plu à les orner de toutes les richesses dont disposait le moyen âge. Quand nous étudions la Bible en langue vulgaire, ce sont les origines de notre langue qui nous occupent, et nous nous intéressons aux efforts, hélas infructueux, de beaucoup de gens pieux pour faire connaître au peuple la Bible dans sa langue. Quand la Vulgate retient notre attention, le magnifique langage de saint Jérôme charme nos oreilles, et ce monument séculaire nous inspire un respect vraiment religieux. Mais ce qui fait particulièrement l'attrait de cette étude, c'est que les controverses ne peuvent s'y mêler et que nous y trouvons le calme des études historiques en même temps que l'intérêt qui s'attache aux sciences religieuses. Notre travail nous mène, de bibliothèque en bibliothèque, à la poursuite des anciens manuscrits; dans toute l'Europe nous rencontrons des confrères en étude et souvent de véritables amis, dont nous devons la connaissance à un commun amour pour la Bible, et c'est un beau pèlerinage que celui qui nous mène en tous lieux à la recherche de la Bible et nous met en relation à la fois avec les hommes du passé et avec les savants du présent. Ne croyons pas que notre travail soit inutile à la théologie, la théologie ne peut se passer de nous. Sans cesse elle invoque notre aide pour déterminer le texte authentique de la Bible, et plus notre science deviendra une science exacte, par les progrès de notre méthode et par l'étendue de nos recherches, plus nous pourrons rendre de services à la science religieuse et à la piété. Nous avons enfin, permettez-moi de le dire, ce bonheur de pouvoir servir la critique et contribuer à la recherche de la vérité sans blesser aucune conscience et sans froisser la piété de personne. Notre science est modeste dans ses méthodes et pacifique dans ses résultats. N'y a-t-il pas là de quoi nous la faire aimer ?

Puisque l'objet de cet entretien doit être l'histoire de la Vulgate en France, vous me permettrez d'en indiquer brièvement les grandes époques, sans craindre de vous lasser par des discussions de textes qui sont indispensables, mais en m'efforçant de me borner aux traits principaux de cette histoire, qui commence avec le règne de Charlemagne pour finir avec le siècle de saint Louis.

I

L'autorité de la Vulgate a été longue à s'établir dans notre pays, et l'on ne sait guère quand et comment la nouvelle traduction a pris la place des œuvres imparfaites qui l'avaient précédée. Nous avons fort peu de manuscrits de la Vulgate écrits en Gaule avant le règne de Charlemagne, mais tout nous donne à penser qu'un grand désordre a régné, jusqu'à la fin du viiie siècle, dans la littérature biblique du royaume des Francs. Des textes excellents se rencontrent, dans le même manuscrit, à côté de longs passages ou de livres entiers tirés des anciennes versions, et dans un même livre de la Bible les textes sont souvent tellement mêlés, que l'on ne sait si l'on doit les regarder comme une Vulgate interpolée ou comme une ancienne version corrigée. Une réforme était nécessaire, il était réservé à Charlemagne de l'accomplir.

C'est de Rome que les princes francs ont fait venir les livres d'église dont ils ont ordonné l'adoption dans leurs États. Il n'en fut pas ainsi de la Bible. Ce n'est pas d'Italie que sont venus dans notre pays les bons textes de la Vulgate ; la réforme de la Bible dans l'empire franc est l'œuvre personnelle de Charlemagne, et la papauté n'a eu sur elle qu'une influence indirecte et lointaine. Cette influence n'est pas à nier, mais c'est par l'intermédiaire de l'Angleterre qu'elle s'est exercée. En effet, s'il n'était pas imprudent de résumer en un mot tout un développement historique, nous pourrions dire que l'histoire de la Vulgate sous les Carlovingiens est l'histoire de la lutte des bons manuscrits venus d'Angleterre contre les mauvais textes espagnols.

Cent ans avant Charlemagne, la Vulgate avait conquis l'Angleterre : ce fut là une des plus brillantes victoires de la papauté sur le particularisme breton. La soumission de l'Angleterre à l'autorité du pape et aux coutumes romaines est beaucoup moins l'œuvre de saint Augustin de Canterbury, à qui la légende en fait honneur, que des hommes prudents et habiles qui, quatre-vingts ans après lui, ont entrepris de soustraire les royaumes anglo-saxons à l'influence irlandaise. Parmi ces apôtres de l'Église romaine nous remarquerons au premier rang les deux plus anciens abbés de Jarrow en Northumberland, Benoît Biscop et Ceolfrid. Leur vie, dont nous avons plusieurs récits pleins de naturel et précieux pour l'histoire des mœurs, est remplie de voyages à Rome, et à chaque fois ils rapportent des manuscrits de la Bible, bientôt reproduits avec luxe par les moines de leurs couvents. Les manuscrits que les abbés de Jarrow rapportaient de leurs pèlerinages n'étaient pas des textes sans valeur ; de bons auteurs pensent que l'un d'entre eux n'était autre chose qu'une des trois superbes bibles que Cassiodore avait fait écrire dans son couvent de Vivarium. Quand Ceolfrid mourut à Langres en 716, sur le chemin de la Ville éternelle, il apportait au pape, comme prémices de l'Angleterre catholique, un admirable exemplaire de la Bible, copié presque entièrement, on a tout lieu de le penser, sur la bible de Cassiodore. Ce manuscrit nous est conservé, c'est le *codex Amiatinus*, l'ornement de la bibliothèque Laurentienne.

L'identification du *codex Amiatinus* avec la bible de Ceolfrid est une des plus belles découvertes de la critique ; elle est due à l'illustre M. de Rossi, et la vérification en a été donnée par un savant professeur de Cambridge, M. Hort, avec la sûreté d'une opération mathématique (1). Ceolfrid ne savait pas quel service

(1) J.-B. de Rossi, *La Biblioteca della Sede apostolica*, Rome, 1884, in-4°, p. 29 ; *Bibliotheca apostolica Vaticana, Codices Palatini latini*, t. I, Rome, 1886, in-4°, p. LXXVII ; F.-J.-A. Hort, *The Academy*, n° 773, 12 février 1887, et n° 788, 11 juin 1886. Comparez P. Corssen, *Jahrb. für prot. Theol.*, t. IX, 1883, p. 619.

il rendait à l'Eglise tout entière en conservant à la science un excellent texte de la Bible latine. C'est de la province d'York, du Northumberland, que les bons textes de la Vulgate se sont répandus non seulement sur l'Italie, à laquelle l'Angleterre payait ainsi sa dette, mais bien plus encore sur la France, car Alcuin était d'York et c'est lui que Charlemagne choisit pour corriger le texte de la Bible.

Nous possédons un capitulaire, daté au plus tard de l'an 800, dans lequel le roi des Francs annonce avec solennité à ses sujets que, « désireux de réparer par son soin vigilant le trésor des lettres presque anéanti par la négligence des siècles passés, et soucieux de montrer à tous l'exemple de l'étude des arts libéraux, il a corrigé exactement, avec l'aide de Dieu, les livres de l'Ancien et du Nouveau Testament, corrompus par l'ignorance des copistes (1). »

J'ai à peine besoin de dire que Charlemagne n'a pas fait lui-même ce travail. Ce serait peine inutile de discuter les assertions d'un chroniqueur qui prétend que le grand empereur, à la fin de sa vie, s'occupait à corriger la Bible avec l'aide de grecs et d'orientaux, ou de rechercher si le manuscrit de la bibliothèque impériale de Vienne où l'on prétend montrer des corrections de sa main, et qui du reste n'est pas une bible, n'a pas été corrigé quarante ans après sa mort. L'œuvre de correction ordonnée par Charlemagne porte, dans tous les manuscrits, le nom d'Alcuin ; au reste, dans une lettre adressée à la sœur et à la fille de Charlemagne, et sans doute de peu antérieure au mois d'avril de l'an 800, Alcuin annonce que son travail vient d'être achevé (2).

D'où le savant moine avait-il tiré ses manuscrits ? Nous le savons, ils provenaient, au moins en partie, d'York. Dans une lettre de l'an 796, Alcuin demande à Charlemagne l'autorisation de faire venir d'York la bibliothèque que lui a léguée son maître, l'archevêque Aeldbert, et parmi les livres qu'il a reçus

(1) Jaffé, *Monumenta Carolina*, p. 373 : « *Jam pridem universos Veteris ac Novi instrumenti libros, librariorum imperitia depravatos, Deo nos in omnibus adjuvante, examussim correximus.* »
(2) Jaffé, *Monumenta Alcuiniana*, p. 529.

ainsi, nous trouvons la Bible mentionnée au premier rang (1).
Il y a donc tout lieu de supposer. que les manuscrits à l'aide
desquels il a corrigé la Bible étaient de la même famille que les
manuscrits de Ceolfrid et par conséquent parents du *codex
Amiatinus*.

Cette remarque nous aidera peut-être à résoudre une sé-
rieuse difficulté. Nous avons conservé un grand nombre de manuscrits du ixe siècle, des plus beaux que l'on puisse voir, qui
sont tous accompagnés des préfaces en vers d'Alcuin. Or le texte
de ces manuscrits varie à l'infini. Plusieurs des plus riches
d'entre ces volumes ont été évidemment écrits à Tours ou au-
près de cette ville, sous les yeux des successeurs d'Alcuin (2),
mais ces manuscrits tourangeaux sont tous plus ou moins interpo-
lés. Au contraire, le manuscrit alcuinien dont le texte est le plus
pur n'a aucun des traits de la paléographie des couvents de la
Touraine; il est conservé à Rome et il a appartenu jusqu'à ces
derniers temps à la bibliothèque Vallicellane. Quel est donc le
texte d'Alcuin ? est-ce le texte du *Vallicellianus*, qui est le
plus pur, ou celui des manuscrits de Tours, qui sort des couvents d'Alcuin ? La réponse nous paraît indiquée par ce qui
précède. Non seulement Alcuin était homme à choisir le meilleur texte, mais le *Vallicellianus* est à tous égards le manuscrit qui se rapproche le plus de l'*Amiatinus* et des manuscrits
northumbriens; il est donc probable qu'il représente, dans une
large mesure, le texte des manuscrits d'York, qu'Alcuin a dû
prendre pour modèle.

Presque en même temps qu'Alcuin corrigeait la Bible, les
textes espagnols s'introduisaient en France et leur influence
devait à peu près anéantir la réforme biblique de Charlemagne.

Théodulfe, évêque d'Orléans et rival d'Alcuin, était wisigoth,
né en Espagne. Nous lui devons une famille de manuscrits d'une
richesse admirable et en particulier bien dignes d'attirer notre
attention par leur disposition; ils ont en effet conservé, presque

(1) *Monumenta Alcuiniana*, p. 331 et 346 et p. 128, vers 1538.
(1) L. Delisle, *Mémoire sur l'École calligraphique de Tours au ixe siècle*,
1885, in-4°, extrait des *Mémoires de l'Académie des Inscriptions*, t. XXXII,
1re partie.

sans changement, l'ordre primitif des livres de l'Ancien Testament que saint Jérôme a fixé dans son célèbre Prologue des quatre livres des Rois : « ordre de la loi, ordre des prophètes, ordre des hagiographes et ordre des apocryphes (1)», en un mot, la division traditionnelle de la Bible hébraïque appliquée à la Vulgate. En voyant ces belles bibles, disposées dans un ordre savant, enrichies d'un véritable trésor d'appendices où le nom de l'hérétique espagnol Priscillien se rencontre avec celui de saint Isidore de Séville, et dont les marges sont chargées de variantes, on croit d'abord avoir sous les yeux une véritable recension scientifique. Il n'en est pourtant rien, le texte de Théodulfe est un des plus mêlés qu'on puisse trouver, les interpolations semblent s'y être accumulées à plaisir, et les variantes de la marge ne représentent pas un texte meilleur que celui de la première main. Il y a tout lieu de penser que Théodulfe a fait copier un manuscrit espagnol, plein de leçons étrangères à la Vulgate comme étaient généralement les manuscrits de ce pays. Les variantes qu'il y a ajoutées semblent également empruntées, du moins en grande partie, à des manuscrits wisigoths, et l'ordre si remarquable des livres de l'Ancien Testament que Théodulfe nous a conservé n'est pas autre chose que l'héritage de la tradition espagnole, qui peut-être remontait elle-même à l'un des fameux exemplaires de Cassiodore. Aussi, loin de faire de Théodulfe un critique, nous verrons plutôt en lui, malgré tout son mérite, le défenseur de la tradition espagnole et l'adversaire inconscient de la pureté du texte biblique, défendue par Alcuin.

Les effets du conflit entre les deux textes de la Bible ne tardèrent pas à se faire sentir. Les manuscrits du ix⁰ siècle représentent presque tous un mélange des deux recensions, dans lequel l'œuvre d'Alcuin n'a souvent conservé que sa forme extérieure. D'ici à peu, sans doute, nous connaîtrons les rapports de ces textes si importants et l'histoire de ces célèbres manuscrits, quand M. L. Delisle aura achevé l'étude des bibles carlovingiennes, dans laquelle tant de beaux travaux trouveront leur couronnement.

Le x⁰ siècle, âge d'ignorance, et les siècles suivants n'ont fait

(1) L. Delisle, *Les Bibles de Théodulfe*. 1879, extrait de la *Bibliothèque de l'École des Chartes*, t. LX.

qu'augmenter la confusion que le ix⁰ siècle avait fait naître. Cette confusion fut si grande, que vous trouverez rarement un manuscrit de la Bible, antérieur au xiii⁰ siècle, qui soit à peu près semblable à un autre, et qu'en dehors des Évangiles et en dehors de certains textes sans valeur, destinés à l'usage des offices, ou de ceux qu'accompagnait ce qu'on appelle « la Glose ordinaire » (c'est le commentaire universellement usité au moyen âge), on peut à peine parler, dans ces temps, d'une recension ou d'une famille de textes. Voilà ce qu'était devenue l'œuvre d'Alcuin, l'une des plus nobles et des mieux entendues dont l'histoire littéraire de notre pays ait conservé le souvenir.

Une exception brillante, dans cette indifférence générale pour la pureté du texte, nous est fournie par l'ordre de Cîteaux. En l'an 1109, saint Étienne Harding, deuxième abbé de Cîteaux, entreprit, avec un zèle digne de tout éloge, de dégager le texte biblique des interpolations étrangères à l'œuvre de saint Jérôme; seul en France dans son siècle, il eut l'excellente pensée de consulter des Juifs, et il retrancha nettement, de l'exemplaire sur lequel devaient être corrigées toutes les bibles de l'ordre, tout ce qui ne se trouvait, ni dans les meilleurs manuscrits, ni dans l'hébreu (1). Les quatre beaux volumes corrigés de sa main se voient encore à la bibliothèque de Dijon, et c'est sur leur modèle qu'ont été établis les manuscrits cisterciens, si remarquables par leur ornement, également simple et distingué, en initiales monochromes, le seul qu'autorisât la règle de cet ordre illustre qui fut l'ordre de saint Bernard.

Quelque saine que fût la pensée d'Étienne Harding, il n'avait pas la science nécessaire pour une véritable réforme du texte de la Bible. Le grand règne de Saint Louis pouvait seul donner aux études une impulsion suffisante et, pour parler ainsi, une centralisation assez puissante pour que cette œuvre pût être reprise avec ensemble : on aimerait pouvoir dire, avec succès.

Cependant le sud de la France, indépendant par toute sa ci-

(1) Voir le tome I⁰ʳ des œuvres de saint Bernard, publiées par Mabillon, Notes, p. xii et P. Martin, *Saint Étienne Harding, Théodulfe et Alcuin,* Amiens, 1887, extrait de la *Revue des sciences ecclésiastiques.*

vilisation de l'influence du nord, se formait son texte à lui et ce texte ne pouvait être que des plus mauvais. Le midi n'a pas beaucoup brillé, au moyen âge, par la culture théologique, et ceux qui dirigeaient l'Église dans ces pays avaient d'autres soucis que de corriger la Vulgate. Au reste les affinités de toute espèce rapprochaient davantage Montpellier, Narbonne et Béziers de l'Espagne que de la France; il est donc naturel que les manuscrits de la Bible copiés dans le Languedoc aient été avant tout des textes espagnols : c'est dire qu'ils étaient pleins de toute espèce d'interpolations et d'erreurs et parfois presque aussi rapprochés des versions anciennes que de la Vulgate. Ce texte méridional a ceci de particulièrement intéressant pour nous, que c'est sur lui qu'a été traduit le Nouveau Testament provençal qui va paraître en une édition photographique, et qui est un des plus beaux monuments de la vie littéraire de notre midi comme un des plus curieux souvenirs que nous ait laissé la secte des Albigeois (1).

II

C'est de l'Université de Paris que devait sortir la Bible, telle à peu près qu'elle est encore entre nos mains aujourd'hui (2). Je ne veux pas dire que les représentants officiels de l'Université aient pris part eux-mêmes à l'établissement du texte parisien ou en aient décrété l'adoption. L'Université comprenait, avec les professeurs et les élèves, un grand nombre de « suppôts » de toute espèce, parmi lesquels les « stationnaires » ou libraires n'occupaient pas la dernière place. Roger Bacon nous dit formellement que ce sont ces personnages inférieurs, auxquels l'intérêt de la science était assurément étranger, et les nombreux étudiants qui vivaient à la solde des libraires, qui ont eu la haute main dans l'établissement de l'édition parisienne

(1) Voir la *Revue historique*, t. XXXII, 1886, p. 186. Le meilleur type du texte méridional est, pour le Nouveau Testament, le manuscrit *latin 342* de la Bibliothèque nationale.

(2) Voir la *Revue de théologie et de philosophie* de Lausanne, t. XVI, 1883, p. 41 : *Des essais qui ont été faits à Paris au XIIIe siècle pour corriger le texte de la Vulgate.* J'évite de répéter ici, sinon pour le corriger, ce qui a été dit dans ce premier travail.

de la Bible (1). Je dis : l'édition; en effet, il s'agit bien réellement ici d'une œuvre de librairie, d'une recension faite pour l'usage des écoles et pour le commerce, et qui a su en très peu de temps chasser de l'usage les anciennes bibles ou les transformer à son modèle.

Le texte de la Bible parisienne (2) n'était sans doute ni meilleur ni pire que celui des exemplaires usités à Paris entre le xiiᵉ et le xiiiᵉ siècle; il était rempli de fragments de l'ancienne version latine, également étrangers aux textes originaux de la Bible et à l'œuvre de saint Jérôme. J'ai compté, dans un exemplaire ordinaire de la Bible, que je n'ai pourtant pas pu étudier ligne par ligne, à peu près exactement la valeur de cent versets étrangers aux originaux et à la version de saint Jérôme, et on en trouverait probablement davantage. Dans ce compte je ne fais pas entrer de nombreux milliers de mots isolés ou de mauvaises leçons, ni surtout le Psautier de la Vulgate qui, comme on sait, n'est pas l'œuvre définitive de saint Jérôme, mais je dois ajouter que, des cent versets inauthentiques de la Vulgate du xiiiᵉ siècle, 82, c'est-à-dire plus des quatre cinquièmes, se voient encore dans la bible de Sixte-Quint, imprimée par ordre du concile de Trente, et 74, ou près des trois quarts, dans la Vulgate officielle d'aujourd'hui. On voit par là quelle influence déplorable l'édition parisienne de la bible a exercée sur toute la littérature biblique jusqu'à nos temps.

Il est donc établi que l'édition parisienne du xiiiᵉ siècle n'a été en rien une œuvre de science, mais uniquement un produit de librairie. S'il en est ainsi, à quoi a-t-elle dû son prodigieux succès ? Uniquement à la division nouvelle en chapitres à peu près égaux qu'elle a introduite dans l'usage. La division en chapitres des bibles antérieures au xiiiᵉ siècle était un vé-

---

(1) *Nam circa quadraginta annos multi theologi infiniti et stationarii Parisius parum videntes hoc proposuerunt exemplar. Qui cum illiterati fuerint et uxorati, non curantes nec scientes cogitare de veritate textus sacri, proposuerunt exemplaria vitiosissima, et scriptores infiniti addiderunt ad corruptionem multas mutationes* (Compendium Studii, édition Brewer, p. 333).

(2) J'en prends pour type, parmi des centaines d'exemplaires qui, du reste, diffèrent à l'infini dans le détail, le manuscrit *latin* 15.467 de la Bibliothèque nationale, provenant du collège de Sorbonne et daté de 1270.

ritable chaos. Ces chapitres, les uns énormes, les autres quel-
quefois longs d'un verset seulement, héritage des versions antérieures à saint Jérôme, variaient à l'infini dans les manuscrits
et n'étaient en réalité presque d'aucun usage; ils étaient accompagnés de sommaires en latin barbare qui très souvent ne
concordaient pas avec les chapitres du texte lui-même et que
certainement presque personne ne lisait. Depuis le moment où la
constitution de l'Université sous Philipe-Auguste avait donné
une impulsion nouvelle aux études scolastiques, il fallait aux
professeurs et aux élèves aussi bien qu'aux prédicateurs une
bible d'usage, la même pour tout le monde, disposée de même,
partagée de même, et pouvant être citée, en chaire comme
dans les écoles, d'après une numérotation universellement
admise. On discute sur l'auteur de la division des chapitres
qui est encore la nôtre. Ce n'est pas Hugues de Saint-Cher,
à qui on l'a longtemps attribuée, car la division moderne est,
suivant toute vraisemblance, antérieure à l'époque du savant
cardinal. Une ancienne tradition établie en Angleterre l'attri-
bue au célèbre archevêque de Canterbury, Etienne Langton,
qui fut une des gloires de notre Université (1), et elle trouve
sa confirmation dans un manuscrit du xiiie siècle conservé à
Lyon (2), où nous lisons en tête des livres sapientiaux, divisés
comme dans nos bibles actuelles : « *Incipiunt Parabole
Salomonis distincte per capitula secundum magistrum Ste-
phanum archiepiscopum.* » Cette division nouvelle de la Bible
en chapitres égaux, aussi commode pour l'usage que défec-
tueuse pour l'intelligence du texte, a-t-elle été faite à Paris,
comme un auteur anglais du xiiie siècle l'affirme ? En
ce cas elle ne serait pas postérieure à l'année 1213, où Etienne
Langton quitta notre ville pour Canterbury, mais elle ne semble guère avoir été connue avant que l'Université l'ait adoptée,
et c'est aux environs de l'an 1226 ou 1227 qu'a vu le jour, si
l'on en croit R. Bacon, l'édition de l'Université (3). C'est avec

(1) C.-R. Grégory, Prolégomènes du Nouveau Testament de Tischendorf,
édit. VIII crit. major, p. 164 et suiv.

(2) N° 340 de la Bibliothèque municipale.

(3) Le premier manuscrit daté, avec la division nouvelle des chapitres,
dont nous ayons connaissance, est conservé à la Bibliothèque Mazarine, sous

cette division, et d'après le texte de l'Université, que la Bible a
été pour la première fois traduite en entier en français, vers le
milieu du xiii⁰ siècle. Depuis ce moment, nous avons eu une
« vulgate, » c'est-à-dire un texte reçu : ce ne fut pas pour le bien
de la science.

Je ne développerai pas devant vous l'histoire des nombreux
travaux dont le texte de la Bible a été l'objet au xiii⁰ siècle et
en particulier dans l'ordre de saint Dominique. Cette histoire
est pourtant également honorable pour notre Université et pour
l'ordre des frères prêcheurs. Vous y verriez que l'Université
n'était pas tout entière dans les rangs des docteurs sans autorité
et de ceux pour lesquels la science n'était qu'un gagne-pain,
qu'à côté de ces hommes il y avait sur la rive gauche de la Seine
des savants qui honoraient leur époque, et qu'il se rencontrait,
surtout parmi les moines mendiants, des hommes décidés à ne
pas se laisser imposer de mauvais textes et des bibles falsifiées
par la coalition des bonnes volontés ignorantes et des intérêts.
Mais en attendant que l'écheveau de ces corrections multiples
ait été débrouillé par un savant dominicain, le P. Denifle, je n'en
veux toucher qu'un mot. Il semble que le premier texte usité
dans l'ordre des frères prêcheurs, après l'établissement de l'édition parisienne, ait peu différé de celui de l'Université; c'est
probablement la « bible de Sens, » qui porte ce nom on ne sait
pourquoi et qui a été mise au rebut par le chapitre général de
l'ordre en 1256 (1). Mais bientôt un homme comme le moyen
âge en a eu peu, l'auteur des concordances de la Bible dont nous
faisons encore usage aujourd'hui, Hugues de Saint-Cher, qui fut
provincial de France avant d'être cardinal, entreprit la correction
de la Bible dans un tout autre esprit et avec de bien autres

le n⁰ 29. C'est une Bible écrite à Canterbury et qui porte la date de 1231.
Les premiers livres de la Bible montrent, de la première main, une division
ancienne des chapitres, mais depuis le milieu du III⁰ livre des Rois, la nouvelle division remplace l'ancienne ; c'est donc, semble-t-il, vers l'an 1231 que
le nouveau système des chapitres s'est introduit en Angleterre.

(1) Il me semble reconnaître ce texte dans le seul manuscrit *latin* 17 de la
Bibliothèque nationale, curieux manuscrit de la fin du xiii⁰ siècle qui provient
d'un évêque de Strasbourg, Jean de Dürbheim, et dont le texte répond exactement à presque toutes les citations que le *Correctorium Sorbonicum* (*lat*.
15.554) a tirées de la bible de Sens.

ressources. Il cite l'hébreu comme un homme qui connait cette langue par lui-même, et toute son œuvre (1) n'est qu'un retour consciencieux aux originaux. Le résultat des savants travaux du célèbre cardinal ne parut pas suffisant à l'esprit exigeant des dominicains, chez lesquels la pratique de l'Inquisition et les controverses avec les Juifs avaient développé une certaine connaissance de l'hébreu. Après lui, semble-t-il, l'ordre des frères prêcheurs reprend son œuvre. Nous avons conservé l'autographe même de la dernière grande correction faite par l'ordre de saint Dominique; il compose les quatre volumes de la grande bible des Jacobins-Saint-Jacques, encore conservée à Paris (2). Ce livre est si bien un original que je pourrais vous montrer encore à certains endroits, sur les marges, des notes à l'encre rouge ou à l'encre noire, d'une petite écriture individuelle, que l'on a oublié de gratter après qu'on les avait recopiées dans la belle écriture traditionnelle du xiiie siècle. Le dominicain qui a dirigé ce beau travail savait certainement l'hébreu et un peu de grec.

Tant d'efforts, mis au service d'une remarquable érudition, ont-ils, au moins en quelque mesure, rendu meilleur le texte de la Bible? Roger Bacon, passionné mais clairvoyant dans ses critiques, pensait au contraire qu'ils en avaient rendu la corruption incurable. De correction en correction, le lecteur ne savait plus à qui entendre. Les correcteurs dominicains avaient accumulé, sur les marges ou dans le texte de leurs bibles, les variantes et les mauvaises leçons, dans l'intention de les signaler à la défiance des lecteurs. Ils les avaient, pour cela, « cancellées, » c'est à dire raturées avec soin ou soulignées d'un trait rouge, mais ces finesses ne devaient guère être comprises

(1) Je pense la retrouver, plus ou moins bien conservée, dans le manuscrit 1217 de la bibliothèque impériale de Vienne, copié en Bohême en 1434. Au reste, les corrections apportées par H. de Saint-Cher au texte de la Bible ont été recueillies, avec la préface de son édition aujourd'hui presque disparue, dans un petit manuel appelé *Correctorium parisiense*, dont un des meilleurs manuscrits est le manuscrit *latin* 3218 de la Bibliothèque nationale, écrit au xiiie siècle.

(2) *Latin* 16.719-16.722. Les principales leçons de ce texte, ainsi que les notes qui l'accompagnent, se lisent aussi dans la première partie du *Correctorium Sorbonicum*, indiqué plus haut, y compris la correction du Psautier, qui ne s'est pas conservée dans la bible des Jacobins.

du public ni des copistes, et les leçons exilées à la marge
eurent bientôt fait de reprendre leur ancienne place dans le
texte. Il manquait surtout aux grands érudits du règne de
saint Louis une chose que tout l'enseignement de l'Université
de Paris ne pouvait donner, l'esprit scientifique. C'est beaucoup
d'avoir su, en plein xiiie siècle, appliquer l'hébreu et le grec à
la correction de la Vulgate, mais il faut considérer que ce n'est
pas de l'hébreu qu'il s'agit ici, mais du texte de saint Jérôme et
que, pour établir le texte d'une version, l'étude de l'original
est dangereuse quand elle n'est pas maniée avec prudence et
sobriété. Hugues de Saint-Cher et ses disciples ne pouvaient
guère, avec leur méthode, que rendre le texte de la Bible
pire encore, et Roger Bacon ne se fit pas faute de le leur
prouver. C'est de lui et des siens qu'il nous reste à parler.

On a conservé, dans quelques bibliothèques, un petit manuel tout plein d'abréviations et assez pénible à déchiffrer (1),
mais qu'on ne tient pas dans ses mains sans respect et qu'on ne
lit pas sans admiration. Ce traité, qu'on appelle *Correctorium
Vaticanum* à cause du manuscrit qui en a été le premier connu,
est l'ouvrage d'un homme qui dépassait son temps de toute la
distance qui sépare la critique de l'érudition et la science véritable de la scolastique. L'auteur a recherché partout les anciens
manuscrits; il cite une très ancienne bible de l'abbaye de Sainte-
Geneviève, il a été à Metz voir une célèbre bible carlovingienne,
la même que nous appelons la première bible de Charles le
Chauve, et il semble être allé consulter en Italie le *codex Amiatinus*, dans lequel on croyait de son temps voir l'autographe de
saint Grégoire le Grand. Il a lu le *targum* et il cite des commen-
taires juifs qu'il appelle *« perus »* : ce sont probablement ceux
de l'illustre rabbin de Troyes, Salomon Isacide ou Raschi. A
l'Espagne il a demandé des manuscrits hébreux et il sait fort
bien distinguer du texte « hébreu moderne » les « anciens manuscrits hébreux de France » et les « exemplaires espagnols. »
Mais ce n'est pas son érudition qui nous intéresse, c'est sa critique. Le principe qui le guide est celui de saint Jérôme : « Quand

____

(1) Manuscrits du Vatican, 3466, de Venise, *cl.* I, *cod.* 51, de Toulouse,
402, etc., tous du xiiie siècle ou du commencement du xive.

il y a désaccord entre les manuscrits, nous recourons à la vérité de. l'hébreu (*ad hebraicam confugimus veritatem*)», « il faut chercher la vérité à la source plutôt qu'au ruisseau » ; mais aussitôt (et c'est là ce qui le distingue de ses contemporains) il ajoute : «N'allez pourtant pas être infidèle au texte latin sur la foi du seul texte hébreu ou grec. » Aussi tout son effort se porte-t-il contre les correcteurs imprudents qui corrigent le latin sans manuscrits, sur la seule autorité de l'hébreu, c'est-à-dire avant tout contre Hugues de Saint-Cher, dont l'édition sert de point de départ à son travail et de point de mire à ses critiques. « Prenez garde, dit-il à ses lecteurs, de trop vous attacher aux juifs. » Surtout il s'irrite sans cesse contre ceux qui veulent retranche. de la Vulgate tout ce qui n'est pas dans l'hébreu. « Il faudrait alors effacer dix mille mots que les traducteurs ont introduits pour l'amour de la clarté (1) ». Comment dirions-nous mieux aujourd'hui ? Ce sont là les véritables principes de la critique, et c'est la première fois, je pense, que ces principes ont été exprimés. Sans doute notre correcteur est bien loin d'être au faîte de la science, il lui échappe plus d'une erreur lorsqu'il parle du grec, et il se montre beaucoup plus faible dans l'étude du Nouveau Testament que de l'Ancien. On ne lui tiendra certes pas rigueur pour ces erreurs ou ces insuffisances, si l'on se souvient qu'il écrivait il y a six cents ans. Peut-être retrouvera-t-on un jour la grande bible corrigée par la main de cet excellent critique, à laquelle ses notes font souvent allusion. Elle peut tout aussi bien exister encore que les trois recensions précédentes, qui ne se sont conservées chacune qu'en un seul manuscrit.

Quel est donc le savant qui a deviné les principes de la critique, deux cent cinquante ans avant Erasme? Nous saurons sans doute d'ici à peu de temps son nom, car le P. Denifle, qui l'a trouvé dans un manuscrit, nous promet de le faire bientôt connaître, mais son nom n'a pour nous qu'un intérêt secon-

______

(1) *Noli ergo propter externe lingue idioma canonem deserere latinorum* (Préface)... *Si vis ergo litteram servare incorruptam, non nimis adhereas Judeis* (**In Ex., V**)... *Si enim tantum de textu sunt que sunt in hebreo, decem milia verba que interpretes ad evidentiam posuerunt destruentur* (**In Jos., XV, 19**).

daire, car nous connaissons son école et nous savons quel maître l'a inspiré. Il est certain qu'il faut chercher ce savant venu avant l'heure parmi les disciples du précurseur de la science moderne, de Roger Bacon. Ou bien il a eu l'*Opus majus* sous les yeux, ou il a reçu les conseils de son auteur; l'esprit est le même, le style seulement est moins virulent et moins personnel. Ainsi nous nous trouvons ramenés à l'école du « *doctor mirabilis*, » de ce savant mystérieux qui a eu des lumières étonnantes sur toutes les sciences, mais auquel aucune étude n'a été plus chère que la correction du texte biblique. Il y apportait une véritable passion; nous avons de lui une lettre au pape Clément IV, dans laquelle il le suppliait de prendre en main la cause de la Bible : « Je crie à Dieu et à vous, » disait-il à son protecteur. Le pape éclairé et libéral auquel R. Bacon adressait sa plainte ne vécut pas assez pour exaucer le vœu de son illustre ami; l'aurait-il tenté, il n'y aurait sans doute pas réussi plus que ses devanciers, tant est grande la force de la routine. La tradition des erreurs et des mauvaises leçons avait triomphé au IXe siècle de la généreuse initiative de Charlemagne; au XVIe siècle elle devait avoir raison de l'humanisme et de la renaissance des lettres; R. Bacon ne pouvait l'emporter sur elle. Les mauvais textes, qui se perpétuaient depuis l'origine en dépit de tous les réveils de l'esprit scientifique, et dont le règne de saint Louis avait malheureusement établi l'autorité au lieu de la détruire, devaient, avec trop peu de corrections, devenir le texte officiel et unique de la Vulgate. Depuis 1592 jusqu'à nos jours, on a à peine tenté de faire revivre le véritable texte de la bible latine, et la Vulgate est encore aujourd'hui le livre le plus mal publié comme le moins connu de la littérature latine. Il n'en sera plus longtemps ainsi, je l'espère, et la science française aura sa part dans ce travail. Elle ne pouvait pas rester étrangère à une étude qui nous occupe à la fois de la Bible et de l'histoire littéraire de notre pays, et dans laquelle nous rencontrons sans cesse, à la place d'honneur qui lui appartient, le nom de l'Université de Paris.

Original en couleur

NF Z 43-120-B